MES
COCOTTES

OU

MÉMOIRES D'UN JEUNE DÉPUTÉ FLOTTANT

par

P. BERNARD

AUTEUR DES APERÇUS PARLEMENTAIRES.

Il est plus aisé d'être sage pour les
autres que de l'être pour soi-même.
LA ROCHEFOUCAULD.

PARIS

J. HETZEL, WARNOD ET COMP.,
RUE RICHELIEU, 72.

—

1847

SOMMAIRE.

Jurons! — Plus de pairs de France. — Vanité et bon sens. — Les espèces parlementaires. — Le PARLE-ment. — Banc d'honneur et banc ministériel. — Bonheur de ne rien faire après six mois de repos. — Mes dépenses. — Logement de garçon et palais. — Une mise décente est de rigueur. — Opposition au mois et à l'heure. — Le tapis et la tribune, les tours de force et l'éloquence. — A quelque chose solliciteur est bon. — Sensations prolongées. — Les morts de sensation prolongée. — Dictionnaire des équilibristes. — Dix-huit brumaire quotidien. — Médaille et revers. — Ne jamais écrire ses lettres. — Les Ménechmes. — L'école et la Chambre. — Bonne nuit. — L'éther et les finances. — Plus que cela de style! — Parlons peu-z-et parlons bien. — As-tu fini? — Parlez! parlez! — Rumeurs, murmures et coryza. — Aigle et canard. — Baisse de prix — Les suffrages. — Lectures pernicieuses. — Le jeu de bagues au parlement. — Les grands économistes et les petits ménages. — Anacréon. — Voitures électorales. — La charité et l'épargne. — Personne et tout le monde. — Être et paraître.

MES COCOTTES.

I

J'ai prêté serment. Pendant que je jurais, un de mes collègues, de l'opposition sans doute, fredonnait à mon oreille :

Ni jamais, ni toujours,
C'est la devise...

J'attendais la rime. — Un membre du parti

conservateur, qui voulait m'influencer, pré-
tendit que je venais de prêter sur gages.

« Oui, dit-il, Sa Majesté nous en donne tous
les jours de nouveaux ; le dernier se rapporte
même au mariage de Son Altesse Royale...

— Je sais le reste ! » m'écriai-je.

Au fait, on n'a jamais tant répété d'Aris-
tide qu'il était juste, que de M. le duc de
Montpensier qu'il est marié. Nous chanson-
nions ces affaires-là autrefois ; aujourd'hui
nous en rabâchons. Nous prenons de l'âge.

Enfin, un collègue à l'air bonhomme s'est
approché de moi, m'a mis la main sur la ré-
gion de la poitrine occupée par la conscience,
selon les anatomistes, et par le ruban de la
Légion d'honneur, selon les hommes d'État,
et il m'a dit :

« Serment bien prononcé, bon creux, fonds
superbe ! vous n'en resterez pas à celui-là,
jeune homme ! »

Je crois que cette formalité du serment appartient à un autre âge du monde politique.

A l'époque de la souveraineté du peuple, de l'intérêt bien entendu et de la rétribution selon les œuvres, il serait sage, en dehors et en dedans des fortifications, de ne jurer de rien et de se préparer à tout.

A la vérité, qui n'est que sage est triste; célébrons, jurons toujours, et qui vivra verra.

La formalité du serment n'impose plus, n'oblige guère.

Elle sera maintenue.

II

Le roi des Français est donc venu nous rendre visite. Cela est bien de sa part, à une époque où les plus petits personnages font leur visite en carte et en corne.

Les ministres ont chargé le roi de nous

dire bien des choses banales. Mais on ne peut raisonnablement conter ses affaires à tout le monde. Les affaires publiques demandent surtout une grande discrétion partout ailleurs qu'au café-estaminet. Nous voulons tout savoir, comme s'il ne nous suffisait pas de tout payer !

Les pairs, à la séance royale, partageaient nos banquettes de drap rouge. Beaucoup d'entre eux ont un grand air, comme on avait raison de dire autrefois. Un pair en costume et un député non costumé me font l'effet d'une médaille et de son revers.

J'ai commis une grande hérésie politique à l'occasion des membres de la Chambre haute ; je les ai appelés *pairs de France*, par mégarde.

Or, il n'y a plus de roi de France ;

Il n'y a plus de grand chancelier de France ;

Il n'y a plus rien de France en France ;

Il nous reste des membres de la Chambre

des pairs, pour faire contre-poids aux membres de la Chambre des députés ; mais voilà tout.

« Cela me suffit, me répondit un conservateur auquel je faisais part de mes réflexions.

— On se contenterait à moins, » ajouta un radical.

Cette lutte de modération est décourageante.

III

Nous avons nommé des commissaires qui nommeront un rapporteur. Il en résultera un projet d'adresse en réponse au discours de la couronne. Je n'ai pas cherché le collègue le plus capable ; un peu plus, un peu moins de mérite dans les hommes, ne fait pas grand'chose à l'affaire ; j'ai voulu ne pas m'humilier moi-même par mon propre choix. Du mérite de mon commissaire à mes talents il n'y a que le bon plaisir de mes collègues. Mon tour viendra.

Je me montre peut-être injuste envers tout le monde. Nous n'avons pas cédé à des calculs misérables, égoïstes, dans les choix que nous avons faits. L'instinct avait démontré à ceux-ci, l'expérience prouvé à ceux-là que les hommes de bruit ou de prétention, si nous leur donnions nos suffrages, défloreraient sans réserve tout débat, épuiseraient les ministres, donneraient à leur inépuisable vanité personnelle les satisfactions qui ne sont dues qu'à l'intérêt général, pour ne s'entendre, en définitive, sur la rédaction d'aucun paragraphe.

Combien d'orateurs fameux sont incapables de rédiger un simple amendement!

Au parlement, l'éloquence qui conclut et aboutit est si rare!

L'année prochaine je choisirai encore des hommes capables d'écouter, de laisser, de préparer quelque chose à faire à leurs collègues. J'écarterai avec soin les *importants*, les *microscopiques* et les *nominaux*.

Car les premiers partent de leur moi, comme d'un point pour tracer toute circonférence.

Les seconds voient là où la sagesse et le bon sens commandent de ne rien apercevoir.

Les derniers mettraient des armées en campagne pour substituer un synonyme à un autre.

Tel homme politique serait inconsolable si on lui interdisait d'appeler la chambre des députés : *le parlement*.

Le parlement, au lieu de la chambre des députés : voilà sa conquête. Est-ce que les enfants et les grands hommes n'ont pas leur hochet ?

IV

Le parlement !

Plusieurs de mes collègues écrivent ainsi : *parle-ment*.

Je ne veux abuser ni de ce trait bien facile à imaginer, ni de cette épigramme trop facile à comprendre.

Il est certain pourtant que si la vérité règne dans la Charte et dans nos institutions, la fiction constitutionnelle gouverne au parle-ment.

Il y a une mythologie politique protégée par le règlement.

Il manque au palais Bourbon deux statues : celle de l'allégorie

et celle de la fable.

V

J'ai eu la fantaisie de m'asseoir près du banc des ministres. Il y règne la même température que dans toute la chambre. Le vent de la faveur n'y souffle pas, physiquement du moins.

On appelle le banc des ministres deux fractions de banquettes, au bas de l'amphithéâtre formé par nos banquettes. La disposition en est si ingénieuse, que les ministres, lorsqu'ils sont assis à leur place, tournent le dos au public et à presque toute la chambre. Ils ne font face qu'à l'orateur et ce n'est pas assez. La physionomie des ministres importe à la clarté, à l'intérêt, à l'intelligence d'une discussion.

Au collége, les quatre premiers élèves, premiers en thème ou en version, prenaient place à un banc particulier, que l'on appelait le *banc d'honneur*, d'où ils voyaient et d'où ils étaient vus.

Je voudrais donc un banc spécial pour les membres du gouvernement. S'ils ne sont pas toujours les premiers de l'assemblée, ils ont au moins *cet honneur* d'être responsables des mérites et des démérites de tout un gouvernement, et si la responsabilité est illusoire, à qui la faute?

M. S..., en passant entre les deux petites fractions de banquettes qui représentent le banc ministériel, ne manque jamais de réciter ce vers :

Tout est-il donc si peu que ce soit là qu'on tienne!

Le vers n'est pas moelleux, mais le banc ministériel est si dur !

VI

Chômage au palais Bourbon.

Ces loisirs scandalisent beaucoup de gens à cette époque d'incessante production. Si les lois se payaient à la ligne, il y a tel législateur peut-être qui en ferait plus à lui seul, et en un jour, que les quatre cent soixante députés actuels en six mois, en une législature. Cela est vrai, cela est possible. On pourrait même faire des lois très-amusantes.

Je me rappelle qu'il en existe une sur le travail des enfants dans les manufactures.

Donner le plus possible dans le moins de temps possible, cela peut être un mérite pour un robinet. La créature humaine vaut autrement que par la somme de ses produits.

Nous tendons à emprunter toutes nos idées

à la mécanique. Il y a des gens qui nous voudraient voir *fonctionner* à toutes les pressions.

Dieu s'est reposé. Il n'était que Dieu peut-être; mais nous, qui payons 500 francs de contributions! nous devrions être plus forts.

J'aime ces jours de liberté pendant lesquels je vis député, je respire député, je me promène député, je visite les monuments député, je vais au spectacle député : *otium cum dignitate*. Pendant ce temps, de nombreux commissaires butinent, rassemblent les matériaux, les éléments, à la ruche, qui est le bureau.

Tout cela est régulier; quelques-uns méditent, étudient, proposent. La masse croit, discute pour la forme et le bon exemple, accepte et dispose. On changera les hommes, mais les choses?

Il fait beau. Je trouve le gouvernement passable. Je voterai pour le projet d'adresse si je n'entends pas trop répéter que Son Altesse Royale le duc de Montpensier est ma-

rié... auquel cas, je ne réponds nullement de
mon humeur.

VII

J'ai fait mes comptes de la première quin-
zaine et une réflexion : c'est que je dîne tous
les jours à mes frais. On mange ainsi ce qu'on
veut, mais on dépense aussi plus qu'on ne
peut.

Les électeurs, qui refusent d'indemniser leur
député, ne font rien pour rien cependant; ils
sont venus voter, et j'ai payé leur voiture.

Ils ont bien dîné, et j'ai, ma foi, payé la
carte.

Jamais je ne serai secrétaire de la chambre, jamais je ne serai ministre : la politique
ne me remboursera donc jamais de mes frais

de véhicule. On amène, mais pourquoi ne re-
conduit-on jamais les électeurs?

Le président de la chambre nous invite souvent au silence, mais moins souvent à dîner.
Jamais, sur la rive droite pas plus que sur
la rive gauche de la Seine, je ne trouverai
d'hôtel qui vaille l'hôtel du Faisan de mon
pays. Jamais la politique ne me fera donc
rentrer dans mes déboursés gastronomiques.

La vie est ruineuse. Le gouvernement a
des vices. Je pourrai bien voter contre le projet d'adresse.

Un de mes collègues a voulu me parler du
mariage... J'ai changé de place, et j'ai trouvé
sur une feuille de papier à lettre cette maxime,
environnée de cocottes :

En fait d'invitations à dîner, moi membre
de la majorité, je pense ce que pensait Montaigne des voluptés naturelles :

« Il ne les faut suivre, ny fuir : il les faut
recevoir. »

Mais les rendre? Est-ce une lacune dans Montaigne, ou bien une pensée plus profonde que les autres?

VIII

Les rendre! et comment ferais-je? Je suis mal logé pour beaucoup d'argent.

Il y a tant de logements vacants au Louvre, tant de palais tout entiers qui ne font rien!

Nous faisons la fortune des hôtels garnis, comme les étudiants. Mais ceux-ci ont un père, une mère, qui gardent la maison, expédient la pension, et cultivent l'héritage...

Nous, souvent nous emportons tout avec nous, le père, le chef de l'atelier, l'intendant de la maison, le pourvoyeur...

Je ne suis pas riche, ferai-je des dettes?

3

Je ne suis pas ambitieux, demanderai-je une place ?

Donner ma démission, ou bien accepter quelque chose, une indemnité quelconque, voilà mon alternative prochaine, mon horizon politique.

J'en écrirai à mes électeurs. (*Affranchir.*)

Je ne me fais aucune idée de ce projet d'adresse ; si le sens n'en est pas bien net, bien clair, je m'abstiendrai.

Je sortirai toujours pendant la discussion relative *au mariage.*

IX

Les tribunes publiques se trouvaient encombrées aujourd'hui. La discussion de l'adresse était à l'ordre du jour. J'ai remarqué de jolies femmes en belle toilette.

Pourquoi donc la plupart de mes collègues marquent-ils tant de négligence et de désintéressement à l'endroit de leur tenue?

Des membres appartiennent au corps, sans calembour, avant de s'appartenir à eux-mêmes. Monsieur un tel ne relève que de son éducation, de ses habitudes et de sa fortune pour la propreté de sa personne et son luxe extérieur.

Mais le député un tel relève de l'assemblée tout entière. Sa décence importe à la considération générale.

En voyant MM. *** si mal vêtus, si peu peignés relativement au petit nombre de leurs cheveux, j'avais écrit au bas d'un ordre du jour : « Une mise décente est de rigueur. »

Mais le bariolage des gilets, des pantalons; la tenue si tristement de fantaisie d'hommes graves habitués à la curiosité publique et friands de ce succès; mais la haute inconvenance de ces habits de cheval, de ces redingotes de propriétaire, m'ont découragé.

Et les mêmes hommes vont en habit noir, en gilet noir et en pantalon noir, au bal qu'ils assombrissent de leur présence !

Il faut régler les choses de décence qui tiennent au tact et au bon goût : sur ce point, la Chambre fera bien de ne rien laisser à l'initiative parlementaire.

Je demande pour mes collègues et pour moi le droit de ne plus faire rougir les huissiers de la belle simplicité de leur costume devant la pauvre variété de nos habits.

Je ne l'obtiendrai pas, et il faudra bien que je me résigne.

Au fait, j'ai des vêtements qui ne sont pas de mise dans le monde, et que je pourrai bien user à la Chambre. Économie !

Un collègue a eu la maladresse de me demander si j'avais assisté au mariage. Je penche décidément pour ma démission. Mes électeurs ne m'ont pas répondu.

X

J'ai entendu un discours d'opposition ; l'orateur a chicané sur des dates et des quarts d'heure : Quel jour, à quelle heure tel fait s'est-il passé ? *it is the question.* — Le ministre a répondu : A midi. — Le membre de l'opposition a tenu bon pour midi et demi et a rédigé un amendement dans ce sens.

Je vote un almanach à l'orateur ; que le pays lui donne, s'il le veut, une montre à secondes.

Une mode s'introduit : c'est de parler une main dans la poche.

Quelques députés y mettent les deux mains et parlent ainsi *sans mains*, ce qui rentre dans le tour de force.

En général, nous ne sommes pas beaux ; en

général, nous ne sommes pas bien mis ; en général, nous n'avons pas l'air bien distingué.

A tant d'agréments habituels, pourquoi ajouter cet agrément volontaire ?

Soyons toujours convenables, en attendant mieux.

Après cela... il est peut-être bon de simplifier l'art oratoire. Cicéron a traité longuement du geste. Les mains dans les poches rendent une partie du *de Oratore* inutile. Les mains dans les poches, cela, j'en conviens, a bien aussi son expression.

Je retire donc ce que j'ai dit. Mais la discussion de l'adresse n'avance pas. Il s'agira demain du paragraphe dans lequel il est dit que S. A. R. le prince de Montpensier est marié.

Je le sais trop, et je n'irai pas demain au parlement.

XI

Si jamais je monte à la tribune, j'y serai très-modeste le jour de mon début; cela est de bon goût d'abord, et aussi d'un excellent calcul.

Nous écoutions l'autre jour un honorable collègue qui prenait la parole pour la première fois *dans cette enceinte*. Il parlait sur un sujet qu'on lui supposait familier. La Chambre était disposée à lui passer une certaine dose de confiance et de bonne opinion de lui-même.

« Tudieu! quel aplomb! me dit un voisin à l'oreille; le nouvel orateur manquerait-il d'intrépidité? »

— Au contraire, murmurai-je.

— Au contraire, est ici l'expression juste, ajouta mon voisin. Mais, voyez-vous, la Chambre fait souvent comme M. le préfet de police.

— Plaît-il?

— M. le préfet de police permet à certains individus d'étendre un tapis sur le pavé de la place et de gêner, à leurs risques et périls, la circulation. Si ces individus réussissent, s'ils amusent, s'ils intéressent le public, le public est libre de les récompenser. Mais s'ils ont la maladresse de se casser les reins, le public se dissipe en disant : « Imbéciles ! »

Et le préfet de police leur retire la permission.

La Chambre ne se laisse pas reprendre à un orateur de second ou de troisième ordre.

XII

J'ai réfléchi à l'utilité des solliciteurs, en voyant quelques-uns de mes jeunes collègues environnés de quelques-uns de leurs électeurs.

Lorsque nous n'avons pas encore une parfaite conscience de nous-mêmes ; lorsque nous ne nous sommes pas encore bien sentis députés, les solliciteurs nous viennent en aide, nous donnent l'opinion que nous devons avoir de notre mandat.

Devant un solliciteur, le député est comme la coquette devant un miroir. Il s'y voit en quelque sorte et il s'y mire. Plus le solliciteur a de confiance, plus le député s'y voit grand ; plus celui qui demande espère, et plus celui qui peut promettre attend pour lui-même. En deux mots, les sollicitations, avant de devenir importunes, instruisent et flattent. Avant d'aggraver un mandat, elles le confirment.

Qui sollicite à propos flatte toujours et obtient quelquefois.

XIII

Je me suis laissé aller à lire les journaux. Une remarque à leur sujet : les journaux ont fait la révolution qui a fait le nouveau gouvernement. Le nouveau gouvernement avait promis de se mettre à bon marché ; voyant qu'il n'y arrivait pas, les journaux ont pris le parti de s'y mettre eux-mêmes : 40 francs par an, etc. Les journaux feront sagement de réaliser ainsi eux-mêmes, et les uns après les autres, toutes les promesses que d'autres ont pu faire vers mil huit cent trente.

Ces journalistes, comme ils ont un style, des formules à part ! Autrefois, dans mon beau département, il m'est arrivé, par exemple, de lire mille fois dans un journal, et après la phrase la plus équivoque du discours le moins fait pour émouvoir, cette phrase, entre parenthèses : (*Sensation prolongée*). Alors, du fond de mon département je méditais et je ne comprenais rien. L'autre jour, à la Chambre, j'ai eu la sérieuse résolution de m'instruire ; j'ai prié un de mes voisins, homme de science et d'expérience, de m'indiquer les passages où s'accomplirait ce que les journaux appellent une sensation prolongée, toujours entre parenthèses. Mon voisin me prit par le bras et me conduisit par mille corridors devant un buffet très-bien garni. C'était à la *buvette*. Là je surpris bon nombre de collègues qui devisaient le verre en main. « Voilà, mon cher monsieur, me dit mon voisin, ce que c'est véritablement qu'une *sensation prolongée*. » Cette plaisanterie excessive m'a pourtant mis dans la bonne voie. Je connais à présent le chemin de la buvette.

Ce généreux établissement fait d'excellentes affaires; sa libéralité devrait bien empêcher des hommes qui sont invités parfois au Château, et qui sont de la cour au besoin, de se compromettre dans les restaurants du dernier ordre, prix fixe, pain à discrétion, où ils rencontrent messieurs A., B., C., de l'opposition, et messieurs D., E., F., de la majorité.

XIV

Journaux, si vos parenthèses exprimaient bien la vérité, les députés ne vivraient pas; rien ne nous use comme la sensation, et nous n'en aurions pas pour une session de cinq mois.

Après toute sensation prolongée, la séance reste toujours suspendue pendant *vingt minutes*, ni plus ni moins, c'est la régularité introduite dans ce qu'il y a de plus variable au monde.

XV.

Je me plaignais, il y a de cela quelques pages, de la mauvaise disposition physique du banc ministériel; j'oubliais que nous vivons dans un temps où rien n'est fait pour son usage, où rien n'est disposé conformément à son but : c'est là notre style en architecture et en toute chose.

La tribune des journalistes, par exemple, a été choisie parmi celles qui rendent le procès-verbal des séances le plus difficile, difficile jusqu'à l'impossibilité. En deux mots, l'on

a dit aux journalistes : Soyez exacts, c'est
votre devoir ; seulement vous n'entendrez pas,
c'est notre bon plaisir: Si vous entendiez, où
serait l'art ?

En effet.

Ces expressions d'équilibre, de pondéra-
tion, etc., nous ont peut-être trop familiari-
sés avec le dictionnaire gymnastique. Nous
exigeons des tours de force. Quelque ministre
des finances s'écriera un beau jour, à propos
du budget : Sauvons la caisse !

Un ministre du même département a bien
déjà dit une fois : Le discours de la Ga-
ronne.

XVI

O journalistes ! ne dites pas de mal de ces
Mémoires, si je célèbre ici l'inexprimable

aplomb avec lequel vous ouvrez, à propos
du passage le plus calme de l'oraison la moins
turbulente, cette nouvelle parenthèse (*Mouvement en sens divers.*)

Lorsque j'étais crédule, je me donnais mille
peines pour me figurer un mouvement en sens
divers dans une assemblée de la nation. Jamais la recherche du mouvement perpétuel
n'a causé plus de soucis à ceux qui ne l'ont
pas découvert. J'ai heureusement fini par voir
de mes yeux ce qu'il m'avait été impossible
de concevoir avec l'imagination. M. *** venait
de monter à la tribune, et il avait débuté par
ces mots :

« *Je n'ai qu'un mot à dire à la Chambre.* »

Puis il avait, selon l'usage de tous les orateurs qui n'ont qu'un mot à dire à la Chambre, tiré mille petits papiers de ses poches,
déposé un livre et des brochures sur la tribune, et fait signe à un huissier de lui ap-
porter un volume du *Moniteur*.

Alors, des membres de toutes les opinions sortirent par toutes les portes, qui à droite, qui à gauche, qui au fond. S'il y avait eu des fenêtres à la Chambre, on aurait certainement sauté par les fenêtres.

Le parlement est plein de ces petits Bona-partes, qui chassent la représentation natio-nale et font des 18 brumaire sans le vouloir.

XVII

Mes électeurs m'ont répondu. — Ils avaient cru, disent-ils, nommer un député tout à fait indépendant, décidé, par caractère et par prin-cipes, à ne jamais rien demander à personne.

Je ne leur avais demandé que leur avis, et ils se fâchent. Je n'irai pas plus loin.

Le projet d'adresse est bien écrit, bien

pensé, ma foi. Le paragraphe relatif à l'affaire
de Cracovie répond exactement au roi, à mes
sentiments et aux intérêts du pays.

Tout coûte à Paris. Ma médaille de député
donne le droit d'entrer, les jours réservés,
dans les établissements publics, au Musée, au
Muséum, etc. Lorsque Longchamp viendra,
je pourrai louer un remise et tenir le haut du
pavé, grâce à ma médaille. Voilà des hon-
neurs; ils flattent, mais ils n'indemnisent pas.

Depuis huit jours je déjeune dans ma chambre; je me suis aperçu que le pain est cher. Je
l'avais bien entendu dire.

XVIII

Ce matin un de mes électeurs m'a écrit à
mon domicile et sans affranchir; j'ai dépensé

dix-huit sous. La seule pensée à extraire de cette lettre, la voici : « Soyez pauvre, mais honnête. » C'est bien ce que je fais, et vos dix-huit sous rendent mon œuvre plus difficile.

Je nommerai un commissaire qui sera favorable à la réforme postale et à l'uniformité de la taxe des lettres; le système actuel est abusif, et le tarif exorbitant.

Le même électeur me rappelle diverses lettres que je lui ai écrites et qu'il conserve, dit-il, précieusement. Intrépide conservateur !

Cela m'apprend qu'un candidat doit penser comme je ne sais plus quel général de l'antiquité, et ne jamais rien laisser derrière lui qui soit contre lui. Qu'il adopte pour devise ces deux mots : *Qui sait?* — Sait-on ce qu'on deviendra ?

Les femmes disent plus simplement qu'il ne faut jamais écrire.

Mais elles ont de l'esprit, les femmes !

Et nous?

Je soupçonne que l'outrecuidance est plus usitée parmi nous, et que la gravité nous rapporte davantage.

XIX

J'ai remarqué que chaque député de quelque renom avait un sosie dans la Chambre. Cette observation n'a aucune importance, mais il reste exact que monsieur un tel, que vous ne connaissez pas, ressemble beaucoup à M. *** que vous connaissez beaucoup, et que du haut des tribunes publiques il vous serait facile de vous tromper à ce mirage.

C'est la même tête enfin, mais ce n'est pas la même cervelle. Pourquoi cela?

XX

Nous avons eu une séance présidée par un vice-président; cela m'a reporté aux beaux jours de mon adolescence, lorsqu'au collége la classe était faite par un professeur suppléant.

Ces jours-là les meilleurs élèves sont dissipés; les plus robustes ont des indispositions et demandent à sortir, en faisant claquer leurs doigts.

Sous un vice-président, les muets parlent, les membres les plus habitués à une douce somnolence s'agitent sur leur banc.

On ne parle pas, on bavarde; on ne discute pas, on cause.

Le simple feutre (chapeau de soie) du pré-

sident impose plus que la timidité, l'inexpé-
rience, ou l'aplomb maladroit d'un vice-président.

Les hommes réunis sont toujours écoliers
lorsque le danger n'est pas à la porte.

XXI

J'ai sommeillé pendant la séance.

J'ai lu ce matin, dans un journal, que l'o-
rateur qui m'avait endormi avait constamment captivé l'attention de l'assemblée.

Je ne dirai pas le contraire. Un de mes
voisins, que j'ai consulté naïvement, m'a répondu de bonne foi :

« Monsieur et cher collègue, les journaux
m'ont paru recourir à cette formule lorsqu'ils
voulaient exprimer poliment que, pendant le

discours d'un de leurs amis, les députés avaient
fait leur petite correspondance, écrit à leur
petite femme, à leurs petits enfants, à leurs
petits électeurs.

« Cette annotation me rappelle, à moi
particulièrement, mes péchés parlementaires
d'inattention, de distraction, etc.

« Lorsque le journaliste me croyait captivé,
je faisais des cocottes ou des bateaux avec le
papier de la distribution quotidienne.

« Je suis interrupteur, c'est mon plaisir ;
c'est ma manière de rendre service à mon
pays. Eh bien, cette annotation : *L'orateur a
constamment captivé*, etc., marque pour moi
les instants pendant lesquels je me suis reposé
de mon rôle...

« Savez-vous, monsieur et cher collègue,
jusqu'à quel point on peut entendre sans écouter ?

— Hélas ! monsieur, lui ai-je répondu, la
salle a de grands défauts sous le rapport de

l'acoustique, et je sais seulement jusqu'à quel point on peut écouter sans entendre. »

Enfin, j'ai dormi ; j'ai été captivé. Après le discours on a voté ; et comme je me suis trouvé assis tout naturellement à la contre-épreuve, j'ai voté comme après *éthérisation*, sans douleur et sans conscience.

Un de mes collègues prétendait l'autre jour que si l'on voulait absolument décider Son Excellence le ministre des finances à se soumettre à l'opération de la conversion des rentes, il faudrait l'éthériser.

XXII

Ce terme d'éthérisation m'amène à faire un retour sur notre langue parlementaire. Elle s'appauvrit, notre langue : les mêmes mots y reviennent souvent. *Drapeau de l'opinion, — jeu de nos institutions, — équilibre,* — on n'entend que cela. Une expression assez à la mode aujourd'hui est celle de *sauvegarder.* — *Je sauvegarde, nous sauvegardons,* — cela est dur. — Nous disons aussi *incomber.* Ce dernier mot fait toujours sensation à la Chambre des représentants siégeant à Bruxelles. Les Belges ne parlent pas encore tout à fait français; nous, si le progrès continue, nous pourrons bientôt parler à peu près belge.

Certainement je n'ai pas le culte insensé du syllogisme et de la période; je sais tout le bien qu'ils ont fait à ces pauvres Grecs! Mais il est bien rare qu'une idée bien méditée, qu'une expérience bien acquise, n'entraînent pas l'expression propre, ne se produisent pas sous une forme qui emprunte à la valeur du fond une originalité, une dignité particulière. Un homme qui sait une chose et qui en parle en montant à la tribune pour la première fois,

tiendra un langage naïf, — jamais bas ni tri-
vial.

Il n'y a pas de mauvais discours sur un sujet
que l'on possède. La Chambre écoutera toujours ceux qui savent. Ceux qui savent parlent toujours convenablement à la Chambre.

Sous prétexte d'envisager le côté sérieux
des choses et de se préoccuper du fond exclu-
sivement, beaucoup affectent une négligence,
— pédante à son tour, — de la forme.

Aujourd'hui toutes les transitions oratoires
se bornent à cette formule harmonieuse : «Quoi
qu'il en soit; » et ils ont soin encore de pro-
noncer *soye*.

Tout orateur qui veut diviser son discours
en deux parties vous annonce qu'après avoir
cherché le mal, il *vous indiquera les remèdes*.

Le *Moniteur* est plein de remèdes de ce
genre.

Je te panse, et Dieu te guaryt, disait Am-

broise Paré. Les charlatans seuls parlent tant
de leurs remèdes.

XXIII

Si j'avais été directeur des Beaux-Arts lorsqu'on a exécuté le fronton du Palais-Législa-
tif, j'aurais donné pour programme à l'artiste
une vieille et excellente lithographie de Pigal ;
elle représente deux hommes du peuple cau-
sant les coudes sur la table, et l'un donnant à
l'autre ce conseil : « Parlons peu-z-et parlons
bien. »

Rien n'est aussi ministériel, au fond et en
résultat, qu'un long discours. Quand un orateur a parlé de tout, la Chambre fait un mérite à celui qui lui succède de répondre à peu
de choses ; et s'il s'en acquitte en peu de mots,

elle lui fait un triomphe. Un ministre, par exemple, n'a qu'à répondre : Je ne répondrai pas, l'on applaudit. Les uns applaudissent tout haut : ce ne sont pas les plus politiques. Presque tout le monde applaudit tout bas, excepté *les coureurs d'éloquence*.

XXIV

Nous ne sommes pas toujours de bonne compagnie sur nos bancs. On m'a rapporté qu'un ministre très-menteur de son naturel eut un jour raison d'un orateur, son ancien camarade, qui lui disait trop longuement des vérités très-dures, en murmurant de sa place, et de temps en temps, ces mots si simples : « As-tu fini ? »

XXV

NOMBRE DE VOIX : *Parlez ! parlez ! (Les journaux.)*

J'ai crié cela : Parlez ! parlez ! à un digne orateur que je n'écoutais pas et qui demandait pardon d'abuser de la patience de la Chambre.

Je tenais à finir une conversation assez intéressante avec un voisin. D'autres membres qui n'avaient pas fini leur courrier de chaque jour répétèrent : *Parlez ! parlez !*

Cette formule sert parfois à encourager de braves gens qui ont de si bonnes choses à dire en de si bons termes, qu'ils ont toujours peur d'importuner la Chambre, et lui demandent après chaque mot pardon d'abuser de sa patience.

Certains orateurs se font dire : *Parlez ! parlez !* comme les chanteurs de romance se font prier dans un salon. Et s'ils ne chantaient pas, s'ils ne parlaient pas, que feraient-ils donc ?

Voilà cinq paragraphes de l'adresse que j'ai votés. On me demande, je me demande si je suis ministériel.

J'ai été aux Tuileries. Serais-je aussi de la cour ?

J'aurais besoin de conférer avec mes électeurs et de prendre langue, comme on dit ; mais où les trouver ? Les meneurs, les chefs de parti, ont des systèmes et des exigences ; ils disent : Moi, je veux ; moi, je pense. La masse seule a de la justice et du bon sens ; mais la masse est disséminée partout malheureusement. Les chefs sont réunis quelque part, et c'est à eux seuls qu'il est possible de s'adresser.

Je ne dirai rien ; j'attendrai.

XXVI.

Hier, au beau milieu d'un discours assez inutilement ministériel, j'ai été pris d'un éternûment, précurseur du coryza. J'étais, à ce moment assis sur la lisière de la gauche ; plusieurs journalistes ont consacré, dans leur feuille, une parenthèse à mon accident, et ils ont écrit : RUMEURS A GAUCHE. Une heure après, le même accès me prit pendant qu'un orateur de l'opposition était à la tribune. Les mêmes journalistes m'ont encore fait l'honneur d'une mention particulière. J'étais à ma

place lorsque cela m'arriva, et ils firent im-
primer : MURMURES AU CENTRE.

Les anciens portaient la paix ou la guerre
dans les plis de leur robe; agiterais-je la politique en tirant mon mouchoir?

XXVII

J'ai fait une remarque depuis le commen-
cement de notre discussion : il y a, pour tel
journal, tel orateur qui ne peut jamais ou-
vrir la bouche qu'à la condition de n'avoir
jamais été plus éloquent; cela s'imprime ainsi :
*L'orateur ne s'est jamais élevé si haut que dans
cette séance.*

Eh bien! je suppose que la première fois le
vol de l'honorable membre dont il s'agit ait
été celui du simple canard. Depuis je ne sais

combien de législatures qu'il monte ainsi chaque jour plus haut, l'illustre orateur doit voir les aigles au-dessous de lui. L'auditoire disparaît sans doute de si loin, et voilà pourquoi ces orateurs-là ne paraissent pas toujours avoir un but.

Il y a au-dessus de la majorité une atmosphère compacte qu'il faut agiter, fendre et troubler; les orateurs qui planent perdent leur temps ou le temps des autres.

XXVIII

Il va s'agir de voter pour ou contre le projet d'adresse.

La députation est ruineuse. Mes électeurs se défient de moi, parce que je leur en ai fait naïvement, honnêtement, la confidence; j'ai sollicité leurs suffrages, ils ont en retour amplement sollicité ma bonne volonté; ils m'ont plus corrompu, en définitive, par leurs exigences, que je n'aurais pu les corrompre par le sacrifice de tout mon patrimoine. J'ai trouvé leur corruption toute faite, avancée même; et les voilà qui se défient de moi, parce que je leur ai parlé de mes charges au lieu de poursuivre tout tranquillement d'honnêtes bénéfices. Ils ne me rééliraient donc pas à cause de ma probité? Cela demande que j'y réfléchisse.

On parle d'augmenter un peu le nombre des électeurs, afin de diminuer beaucoup la corruption; n'est-ce pas ajouter dix ou vingt sangsues à une première saignée pour arrêter la perte du sang? Mais je n'ai pas, quant à présent, d'objection précise à faire sur ce point. Le premier intéressé à détruire la vénalité des suffrages, c'est bien évidemment celui qui paye les suffrages.

La corruption électorale, c'est l'effort de tous contre un.

Un, c'est moi; un, c'est le candidat.

La concurrence des candidats ne fait que hausser le prix des suffrages.

XXIX

On nous distribue des documents sans nombre, et dont l'impression, le papier, doivent coûter cher à l'État. Nous ne les lisons pas. Le roman nous absorbe : il faut bien être en communication d'esprit avec le pays que l'on représente. Le roman nous fait du tort; il traite les questions sociales avec une liberté qui fera paraître nos réformes étroites et pauvres.

Combien de gens lisent quand ils devraient

vivre ! et ce qu'ils devraient vivre, c'est-à-dire la vie ! combien épellent dans les livres ce qu'ils devraient éprouver dans le cœur ! et se font les yeux rouges sans avoir jamais pleuré sur une infortune réelle !

Expérience de papier ! sensibilité de papier ! siècle de papier !

Il y a seize ans, on aurait exprimé le même sentiment *sic :* Malheureuse France ! malheureux roi !

Hier, je donnais le bras à un de mes collègues, lorsqu'il aborda M. ***, député des plus exacts à l'ouverture de la séance, en lui disant : « Eh bien ! à quel paragraphe en sommes-nous ? » — Mon ami parlait de l'adresse. Le membre exact lui répondit : « Coconnas se rencontre avec Margot.

— J'en étais sûr ! s'écria mon ami ; mon honorable collègue est plein de Coconnas. »

Le jour de cette fameuse sortie que vous savez contre M. Alexandre Dumas, je m'étonne qu'un membre n'ait pas demandé l'impression des pièces, comme pour le mariage de Son Altesse Royale le duc de Montpensier — car c'est toujours là qu'il en faut revenir — et la distribution des œuvres complètes du célèbre romancier.

XXX

On a parlé de changer le ministère ; on a fait circuler des listes ; je les ai lues par distraction.

Bientôt l'on mettra le prénom d'un ministre avant son nom : Saint-Yon Moline, au lieu de Moline Saint-Yon, et certains publicistes, nouvellistes, etc., essayeront de nous faire passer cela comme une modification sérieuse du cabinet.

Aujourd'hui l'on conteste l'existence réelle d'un cabinet pour lequel on vote à une majorité considérable. Aussi, les ministres de ce cabinet ne prennent-ils plus jamais la parole que pour se montrer *vraisemblables*, de même que les ministres tombés ne parlent plus que pour se démontrer *possibles*.

La question, quelle qu'elle soit, revient toujours à ceci, pour les uns : Je parle, donc je suis! et pour les autres : Je parle, donc je puis être! Et puis l'on porte des toasts à la France... dans des banquets !

Le personnel des ministres possibles est comme celui des héros du Cirque-Olympique : ce sont toujours les mêmes individus, disparaissant de la scène pour rentrer dans la coulisse, ou sortant de la coulisse pour rentrer sur la scène.

Il y a, dans le jeu de nos institutions, quatre présidents de cabinets de rechange environ, comme il y a au jeu de bagues quatre locatis de bois. La mécanique tourne, et les mêmes quatre chevaliers repassent incessamment sur les mêmes chevaux.

On peut, sans trop de délicatesse, n'avoir aucun goût pour le *tourniquet parlementaire*.

Si l'on veut changer réellement, je verrai; mais tant qu'il ne s'agira que de tourner..... Je ne tiens pas à m'étourdir.

XXXI

Nous avons beaucoup d'économistes dans la Chambre. J'ai peine à me figurer un grand économiste ayant toujours mené, même à bien, son petit ménage. Je redoute les discussions hâtives sur tous les points de la science sociale. Lorsque les esprits se préparent, lorsque les convictions se forment, lorsque les besoins se formulent, lorsque l'amélioration est dans l'air, pour ainsi dire, ces grands bruits théoriques de la tribune me font l'effet du grand vent lorsque les arbres fruitiers sont en fleur.

Le grand vent tombe, mais les fleurs sont par terre, l'espérance de l'année s'est évanouie.

J'ai vu de grands mouvements d'opinion suscités autour de certaines idées de moralisation et de réforme. Ces idées étaient répandues, accréditées par des hommes en réputation. Leur roman a été publié sous mille formats, mais l'idée du livre est aujourd'hui comme inédite.

Un de mes électeurs principaux me disait : « Je vous nomme sans avoir d'illusion sur ce que je fais en vous nommant. Députés, vous n'avez plus grand'chose à faire. Vous n'agitez plus les esprits. Le public n'écoute plus, il lit. Il ne s'instruit plus, il s'amuse. Tenez, ajoutait-il, une publication naguère en vogue remuait la grande question de la réhabilitation du pécheur et de la rentrée en grâce de Madeleine. Eh bien ! à une véritable époque de réforme, on aurait écrit tout simplement ces mots... »

Mais j'hésite à vous rapporter les choses sensées et hardies que m'a dites à l'oreille mon électeur principal ; dans ce temps-ci, où il n'y a plus de livres défendus, vous trouverez peut-être de l'immoralité dans ces mémoires, si je vous donne le résumé des pensées de mon électeur. Il disait (et je gaze) : « Toute société humaine a ses sacrifices humains. Il faut plaindre les victimes et mépriser les sacrificateurs. Nous faisons naturellement le contraire. » Mon électeur, enfin, voulait, dans la préoccupation assez inutile d'ailleurs que lui causaient ses lectures du moment, que l'on écrivît au-dessus de certaines maisons : « Laisse le mépris à la porte, ô toi qui entres ici, ou garde-le pour toi-même ! »

Propter continentiam, incontinentia necessaria est ; et incendium ignibus extinguitur.

Voilà du moins de la philosophie homœopathique. J'aime à penser que notre législature n'aura point à s'occuper de tout cela.

Je reviens aux économistes. Je ne suis pas ennemi de la parole. Je pense aussi que l'étude comparative du ménage et de l'État n'est pas mauvaise. J'ajouterai même que la famille est une excellente école politique, et que les hommes qui n'y ont pas vécu manqueront toujours de données, de connaissances essentielles.

XXXII

Anacréon n'a écrit qu'une page, et cet ancien avait, à cause du temps, du sujet et du talent, mille fois plus de chances que moi de rencontrer un éditeur.

Je vais donc me borner.

J'ai voté en faveur du projet d'adresse, sans être ministériel; j'approuve le mariage de M. le duc de Montpensier, sans avoir été à la noce.

Je vais aux Tuileries, près du pont Royal, sans être de la cour.

J'ai des idées de réforme et de progrès : je demande, par exemple, 1° que l'on construise des voitures cellulaires pour le transport des électeurs, fût-ce au chef-lieu; 2° que l'on aug-

mente considérablement le nombre des électeurs, si on l'augmente.

XXXIII

Je suis épouvanté du nombre de pauvres
que je rencontre dans les rues;

Ou plutôt je n'en suis qu'ému. Il y a en
effet cinquante mille hommes de troupes autour de Paris.

Cinquante mille hommes ne sont pas du
pain, sans doute.

Une immense population ne vit pas seulement de pain, mais de tranquillité.

Le gouvernement est libéral, l'armée par-
tage avec les pauvres, les particuliers conver-
tissent leurs fantaisies en aumônes; la ville
fait d'immenses sacrifices; les pauvres donnent aux plus pauvres.

Au nombre de ceux qui donnent, on serait tenté d'abord de demander où sont les hommes qui reçoivent, et combien ils sont?

Comment n'avons-nous pas eu encore à nous occuper de ce problème?

La charité est partout, malheureusement l'épargne y est aussi.

Si les gens qui donnent ne dépensent plus, et si les gens qui reçoivent cessent de gagner, où est le bien définitif?

Je voudrais entendre quelques bons discours là-dessus; quelques discours dans le genre de la lettre de M. de Lamartine sur la circulation des grains : du savoir et du sentir, de la tête et du cœur!

XXXIV

Personne n'a plus d'esprit que tout le

monde; cette maxime a fait le plus grand tort aux philosophes, aux écrivains, aux hommes d'esprit de profession enfin. Elle a donné au bon sens public une autorité dangereuse.

Une autre maxime court les rues pour faire pendant à celle-là : On n'est pas plus nombreux que tout le monde. Cette pensée n'est pas favorable aux gouvernements. Malgré toutes les précautions, en dépit de toutes les stratégies, la population se sentira de plus en plus la plus nombreuse.

Il faut l'intéresser à n'être pas la plus forte.

Je voudrais que le gouvernement nous parlât sympathiquement de nos souffrances. Nous savons qu'il est en mesure de réprimer le désordre; qu'il ne fasse pas la grosse voix : le jury est formé au courage civil, et le prouve, au besoin. Du cœur! du cœur! et encore du cœur!

Je suis bien décidé à ne pas voter de ces améliorations postiches qui font des réputations philanthropiques à quelques-uns, et causent des maux réels à des milliers de braves gens qui n'osent se plaindre, par respect pour le progrès.

Je suis honteux de l'incertitude de nos connaissances économiques et de notre impuissance, non politique, mais humaine, à faire le bien.

Je veux me conduire en tout comme un bon citoyen; je voterai en faveur de toute proposition qui tendra :

A modérer les progrès au profit de l'amélioration ;

Le luxe au profit du bien-être ;

Le paraître au profit de l'être en vérité.

En industrie, en prospérité, en progrès de toute sorte, je ne vois que gélatine et que bouillon d'os.

Charlatanisme pour charlatanisme, j'aime encore mieux celui de la poule au pot.

Est-ce que j'aurais des tendances légitimistes?

A mon retour dans ma province, je consulterai mon bon curé là-dessus, — et je vous ferai part de sa réponse.

1ᵉʳ mars 1847.

Paris. — Typ. Lacrampe fils et Comp., rue Damiette, 2.